AF364059

LA FRANCE
DRAMATIQUE
AU
DIX - NEUVIÈME SIÈCLE.

Vaudeville.

PASSÉ MINUIT,
VAUDEVILLE EN UN ACTE.

B ET T

485.—486.

PARIS.

J.-N. BARBA,
AU PALAIS-ROYAL,
Derrière le Théâtre-Français.

DELLOYE,
RUE DES FILLES-S.-THOMAS,
Près de la Bourse.

BEZOU,
BOULEVARD-S.-MARTIN,
Et rue Meslay, n° 34.

ET AU MAGASIN GÉNÉRAL DES PIÈCES DE THÉATRE ANCIENNES ET NOUVELLES,
de Ch. TRESSE, successeur de J.-N. BARBA,
galerie de Chartres, n° 2 et 3, derrière le Théâtre-Français, à côté de Chevet.

1839.

PASSÉ MINUIT,

VAUDEVILLE EN UN ACTE,

PAR MM. LOCKROY ET ANICET-BOURGEOIS.

Représenté pour la première fois, à Paris, sur le théâtre du Vaudeville, le 10 juin 1839.

PERSONNAGES.

CHABOULARD.	MM. ARNAL.
UN MONSIEUR.	BARDOU.

La scène est à Paris, chez Chaboulard.

Le théâtre représente une chambre de garçon, petite, très simple, et à pans coupés. Au fond, occupant le milieu du décor, une croisée extrêmement large laissant parfaitement voir une autre croisée de l'autre côté de la rue, dans la maison qui est en face. A gauche de la croisée et du spectateur, le long du pan coupé, et par conséquent un peu diagonalement, un lit, dont la tête est du côté de la fenêtre, avec traversin, oreiller, matelas, couvertures, draps, etc. Le rideau du lit est tout simplement passé dans un large anneau attaché au plafond, et retombe à la tête et aux pieds. La croisée n'a qu'un rideau non plus, entièrement tiré à droite, et retenu par une patère. Devant le lit, et à la tête, une table de nuit sur laquelle est un verre avec de l'huile et une veilleuse allumée : au pied, une petite porte qui donne dans un cabinet. En avant de la porte, sur le premier plan, et toujours à gauche, un petit meuble de la forme d'une console, sur lequel est une cuvette avec son pot-à-eau. Au-dessus du meuble, une petite glace : entre ce meuble et la porte du cabinet, sont accrochés à deux clous un bonnet grec et un pantalon. Devant le meuble, un fauteuil ou une chaise à dossier plein. A droite de la croisée, au fond, dans le pan coupé, une porte avec clé et serrure : c'est celle qui donne sur le carré. Sur le premier plan, une cheminée, avec pelle, pincettes, chenêts, soufflet, reste de bois au feu et charbons allumés. Contre la cheminée, du côté du spectateur, trois morceaux de bois posés sur le parquet : tout-à-fait en avant, et dressé contre la cheminée, une partie d'embouchoir. Sur la cheminée, deux vases et un flambeau avec sa bougie éteinte. Dans le coin de la cheminée, du côté de la porte, en bas, près du soufflet, un torchon accroché à un clou. Plus haut, toujours entre la cheminée et la porte, sur le pan coupé même, une bassinoire suspendue à un clou à crochet. Devant la cheminée, un petit bureau carré avec un tapis. Entre ce bureau et la cheminée, du côté de la porte, un fauteuil sur le dossier duquel est posée une redingote. Sur le bureau, un flambeau avec sa bougie éteinte, un passe-partout, un mouchoir de couleur, un paquet de plumes, un bâton de cire à cacheter, un canif, un porte-montre presque plat en carton avec une montre dedans. La croisée de l'autre côté de la rue doit laisser voir, lorsqu'elle s'éclaire, deux rideaux de couleur relevés sur les côtés, et un troisième grand rideau en calicot blanc tombant sans plis sous les deux autres. Au lever de la toile, la veilleuse seule est allumée. Le théâtre est dans une demi-obscurité, et ne s'éclaire tout-à-fait que lorsque Chaboulard allume sa bougie.

SCÈNE I.

CHABOULARD, seul.

(Il est couché dans son lit, la tête enveloppée d'un foulard. On entend frapper dans la rue, à la porte de la maison en face, de la manière suivante : deux coups bien séparés ; puis un intervalle : puis trois coups assez faibles, et, après un intervalle un peu plus long, un très fort.)

CHABOULARD, s'éveillant en sursaut.

Entrez !... (Une pose.) Qu'est-ce qui m'a réveillé comme ça ?... (Deux coups bien séparés.) Ah ! c'est encore ce monsieur qui tape depuis une heure pour rentrer chez lui... On ne se presse pas de lui ouvrir... j'ai eu le temps de faire un somme... (Un coup : puis un intervalle, puis trois ou quatre autres coups extrêmement précipités.) Ah ! ah ! il s'impatiente !... Où diable ça peut-il être ?... (Deux coups extrêmement forts et bien séparés.) Ça n'est pas loin toujours.... (Quatre ou cinq coups extrêmement précipités : un intervalle, puis un seul très fort.) Va, mon ami : va, ferme ! ne te gêne pas... (Des coups forts et égaux, sans interruption.) Ah ! ça, mais, ça devien... insupportable... (Les coups cessent.) Est-ce qu'il va

faire long-temps ce métier là?... (Deux coups précipités, puis un autre un peu séparé; deux précipités,
un autre un peu séparé; ainsi de suite, toujours de la
même manière, sans interruption, jusqu'à ce qu'il
ouvre la croisée.) C'est à n'y pas tenir!... c'est à lui
jeter quelque chose à la tête... (Il s'élance hors de
son lit, en caleçon, avec un gilet de tricot, met ses pan-
toufles, passe une robe de chambre courte, à ramages,
qu'il avait sur son lit, et court ouvrir sa croisée. Les
coups cessent à ce moment.) Juste en face de chez
moi!... (Les coups recommencent trois par trois et très
vifs : ils vont jusqu'au 3ᵉ : *Monsieur!* — S'adressant
à l'homme qui est dans la rue.) Monsieur! monsieur!
vous faites un tapage indécent!... Monsieur!...
(Les coups cessent.)

LE MONSIEUR, en dehors.

Monsieur?

CHABOULARD.

Par ici... au second. Est-ce que vous n'aurez pas
bientôt fini?

LE MONSIEUR.

Plaît-il? Qu'est-ce que vous demandez, mon-
'eur?

CHABOULARD.

Ce que je demande? c'est que vous rentriez chez
vous tranquillement, sans éveiller vos voisins :
voilà ce que je demande.

LE MONSIEUR, avec colère.

Est-ce que vous avez l'intention de me vexer,
monsieur, en m'invitant à rentrer chez moi, quand
on me laisse à la porte? Vous voyez bien que mon
portier ne m'entend pas.

CHABOULARD.

Je n'hésite pas à déclarer qu'il est sourd!...
Voyons : mettez-y un peu de patience... donnez-
lui le temps de se lever... il va venir... il viendra...
soyez tranquille... Bonne nuit!... (Il referme sa
croisée et revient à son lit en toussant.) Bien! je me
suis enrhumé... Quelle heure est-il?... (Il va prendre sa montre sur le bureau et s'approche de la veilleuse.) Deux heures du matin! c'est gentil! Heureusement que le voisin se calme et que je vais
pouvoir me rattraper. (Il arrange son lit. Une pose.
Un nouveau coup; un intervalle : puis deux coups très
précipités; un intervalle : puis des coups successifs aug-
mentant graduellement de force, jusqu'à : *Monsieur!*)
Ah! voilà que ça recommence!... (Il court à la fenêtre.) Monsieur!... (Les coups cessent.) je vous pré-
viens que, si vous continuez, j'irai chercher le
commissaire de police.

LE MONSIEUR.

Allez chercher le diable si vous voulez : mais je
frapperai tant que ça me conviendra.

CHABOULARD, avec fureur.

Vous n'en avez pas le droit... non, monsieur...
Qui êtes-vous?

LE MONSIEUR.

Ah! ça, voulez-vous bien me laisser tranquille?

CHABOULARD.

C'est justement ce que je vous demande depuis
un quart d'heure.

LE MONSIEUR.

Pardieu! monsieur, ne voulez-vous pas que je
reste dans la rue, par le temps qu'il fait?

CHABOULARD.

Tiens! c'est vrai... il pleut à verse.

LE MONSIEUR.

Allons donc!... (Deux coups, un petit intervalle :
puis les coups se succèdant avec la plus grande rapi-
dité possible, jusqu'à : *Hein?*)

CHABOULARD.

Sans arrêter, à présent!... c'est un feu roulant!...
(Criant à la croisée.) Monsieur! vous allez donc
frapper comme ça...

LE MONSIEUR, continuant toujours de frapper.

Jusqu'à ce qu'on m'ouvre.

CHABOULARD.

Hein?...   (Les coups cessent.)

LE MONSIEUR.

Jusqu'à ce qu'on m'ouvre... (Les coups recommencent aussi rapides que possible, pour ne s'arrêter
qu'au second : *Monsieur!*)

CHABOULARD.

Ça me décide... Monsieur!... monsieur!... (Les
coups cessent.) Voulez-vous me faire l'amitié de
monter chez moi?

LE MONSIEUR.

Plaît-il?

CHABOULARD.

C'est une proposition; elle vaut la peine d'être
écoutée : je vous demande s'il vous serait égal de
monter chez moi?

LE MONSIEUR.

Comment?

CHABOULARD.

Oui : je ne connais de votre caractère que ce
que je viens d'en voir, et il me paraît assez entêté
dans ce qu'il est... Nous en aurions pour toute la
nuit; j'aime infiniment mieux vous voir dormir
dans ma chambre que de vous entendre frapper
jusqu'au jour.

LE MONSIEUR.

Ma foi, monsieur, je ne sais pas pourquoi je re-
fuserais votre offre.

CHABOULARD.

Ni moi non plus.

LE MONSIEUR.

Décidément je l'accepte... Permettez seulement
que j'essaie encore... (Il frappe deux ou trois coups.)

CHABOULARD, vivement.

Du tout! ne tapons plus, sans ça, je vous
laisse où vous êtes... Tenez, monsieur, voilà mon
passe-partout... (Il enveloppe le passe-partout, qui
est sur le bureau, dans le mouchoir de couleur qui s'y
trouve aussi, et jette le tout dans la rue.) L'allée au
dessous... l'escalier est à droite... Poussez la porte
derrière vous; je vais vous éclairer... au deuxième...

(Il referme la fenêtre.) J'aime mieux ça. (En chantant le couplet, il va prendre la bougie qui est sur le bureau et l'allume à sa veilleuse.)

AIR : du vaudeville de l'Anonyme.

Pour mettre un terme à cet affreux tapage,
Je n'avais plus que ce seul moyen-là :
Jusqu'à demain, en bas, il eût fait rage ;
Sur ce fauteuil au moins il dormira.
Je vais pouvoir me rattraper, j'espère :
En vérité, j'aurais trop de malheur
Si maintenant, pour couronner l'affaire, }
J'allais tomber juste sur un ronfleur. } *bis.*

(Pendant la reprise des deux derniers vers et après avoir allumé la bougie, il porte la veilleuse allumée sur le petit meuble qui est à gauche du spectateur, puis il va ouvrir la porte pour éclairer l'inconnu.) Par ici, monsieur !... (On entend trébucher au dehors.) Je crois qu'il a roulé dans l'escalier.

LE MONSIEUR.

Éclairez-moi donc, monsieur !

CHABOULARD.

Tenez bien la rampe... là... c'est ici !

SCÈNE II.

CHABOULARD, LE MONSIEUR.

LE MONSIEUR, passant devant Chaboulard qui reste près de la porte, et venant à la gauche du spectateur d'un air préoccupé.

Merci, monsieur. Je ne vous fais pas compliment sur votre escalier ; c'est un véritable casse-cou. (Il pose le passe-partout que lui a jeté Chaboulard sur le petit meuble qui est au premier plan, à gauche.)

CHABOULARD.

Si j'avais su, je l'aurais fait éclairer. (S'apercevant que le monsieur a laissé sa porte ouverte.) Est-ce que vous avez quelqu'un avec vous ? (Le monsieur secoue son chapeau et le pose sur le petit meuble ; il met sa canne à côté.) Dites donc... et votre porte ? et votre porte ?... (Voyant que le monsieur ne l'écoute pas, il pose la bougie sur la table et ferme la porte. Pendant ce temps, le monsieur va ouvrir la fenêtre.)

LE MONSIEUR, à la fenêtre.

Juste en face de mes croisées : oui, c'est bien là.

CHABOULARD, fermant la fenêtre derrière lui.

Ah ! vous demeurez au second en face... Il paraît qu'on ne vous attendait pas chez vous ?

LE MONSIEUR, à lui-même.

C'est bien étrange !

CHABOULARD.

Quoi ?

LE MONSIEUR.

Ce qui m'arrive.

CHABOULARD.

Ah ! que je vous aie fait monter ici ?

LE MONSIEUR, sans l'écouter.

Ne pas m'ouvrir !... Croyez-vous qu'on m'ait entendu, monsieur ?

CHABOULARD.

C'est sérieusement que vous demandez ça ?

LE MONSIEUR.

Alors, monsieur, on l'a donc fait exprès ? On a donc gagné le concierge ? On m'a donc à plaisir laissé à la porte... et par une nuit affreuse ?... Vous le pensez aussi ?

CHABOULARD.

S'il faut vous dire mon opinion... (Il s'aperçoit que le monsieur est tout mouillé et qu'il inonde son parquet.) Ah ! ça, mais vous êtes trempé comme une soupe, mon brave homme. (Il va prendre le torchon qui est accroché à un clou au coin de la cheminée.)

LE MONSIEUR, à lui-même.

Me laisser dehors !... me refuser l'entrée de ma maison !... (Pendant ce temps, Chaboulard essuie le parquet autour du monsieur qui ne le remarque pas tout de suite.) On a deviné que c'était moi... (A Chaboulard.) Qu'est-ce que vous faites là, monsieur ? (Il passe à la droite du spectateur.)

CHABOULARD, le suivant à la trace avec le torchon.

Rien... c'est que j'ai fait frotter ce matin... et vous entrez ici comme un fleuve.

LE MONSIEUR.

Il pleut à verse... (Il repasse à gauche, à la place que Chaboulard vient d'essuyer, et fait tomber de sa redingote, en la pressant, une quantité d'eau.)

CHABOULARD, revenant éponger son parquet.

Bien !...

LE MONSIEUR.

Ce monsieur me paraît bien tatillon. (Il fait quelques pas vers la gauche du spectateur.)

CHABOULARD, avec impatience.

Ma foi ! j'y renonce. (Il revient jeter le torchon dans le coin où il l'avait pris, s'asseoit sur le fauteuil et prend le soufflet. Le monsieur pendant ce temps paraît réfléchir, puis il va à la fenêtre.)

LE MONSIEUR, regardant à travers les carreaux.

L'obscurité la plus complète ; rien n'a remué chez moi.

CHABOULARD, soufflant le feu.

Vous voyez, monsieur... je vous fais du feu.

LE MONSIEUR, tout préoccupé et toujours à la fenêtre.

C'est bon... (A lui-même.) Elle a pourtant le sommeil léger d'ordinaire, et il est impossible... Que penser ?... que croire ?... (Il se promène avec agitation.)

CHABOULARD.

Est-ce qu'il va aller et venir comme ça toute la nuit ? (Au monsieur.) Dites donc, monsieur !...

LE MONSIEUR, s'arrêtant.

Monsieur ?

CHABOULARD.

Tenez : le feu va bien... Il est à ma montre deux heures et demie... il me semble que nous pourrions dormir, hein ?

LE MONSIEUR, *comme s'il se parlait à lui-même
et en ôtant sa redingote.*

Dormir !... (*Il étend sa redingote sur le lit.*) J'en
ai bien envie !... (*Il essaie d'ôter ses bottes à l'aide
du fauteuil qui est devant le petit meuble.*) Est-ce
qu'il m'est possible... (*Découvrant le lit, comme s'il
allait se coucher.*) Avez-vous un tire-bottes, monsieur ?

CHABOULARD, *se retournant.*

Qu'est-ce qu'il fait ? (*Il court à lui.*) Pardon...
j'ai l'habitude de coucher seul.

LE MONSIEUR.

Ah ! vous n'avez qu'un lit ?

CHABOULARD.

Oui... Vous me trouvez mal meublé peut-être ?.
A la rigueur, si vous n'êtes pas bien ici...

LE MONSIEUR, *sans l'écouter.*

Ne pas m'ouvrir !

CHABOULARD, *avec impatience.*

Voyons, voyons, couchons-nous et tâchons d'ê-
tre bien gentils, si c'est possible. Tenez, voilà un
fauteuil dans lequel on est très bien pour passer
la nuit. (*Il indique le fauteuil à droite du spectateur.*)
Vous y dormirez à merveille. (*Le monsieur passe
à droite du spectateur, et va à la cheminée.*)

LE MONSIEUR, *essayant le fauteuil qui est près de la
porte, entre la table et la cheminée.*

Oui...

CHABOULARD, *arrangeant son oreiller.*

Bonsoir. (*Il ôte dessus de son lit la redingote du
monsieur et la met en tapon par terre entre le petit
meuble et la porte du cabinet.*)

LE MONSIEUR, *après un petit silence.*

Pourriez-vous me prêter quelque chose pour mettre sur mes épaules, monsieur ?

CHABOULARD, *comme s'il n'avait pas entendu.*

Bonsoir...

(*Le monsieur apercevant la redingote de Chaboulard,
qui est sur le dos du fauteuil dans lequel il est assis,
la met sans rien dire.*)

CHABOULARD, *courant à lui.*

Pardon... vous vous trompez... c'est ma redingote.

LE MONSIEUR.

La mienne est trempée.

CHABOULARD.

Ce n'est pas une raison.

LE MONSIEUR, *passant les manches.*

N'avez-vous pas peur que je l'abîme, sur ce fauteuil ?

CHABOULARD.

Laissez donc !... elle va m'être trois fois trop
large... (*Le monsieur s'assied.*) Allons ! il y tient !..
Oh ! ne croisez pas les bras... vous la feriez craquer
de partout...Prenez garde ! (*A lui-même en revenant
vers son lit.*) Hem ! hem !... je commence à me repentir d'avoir fait monter ce monsieur... Enfin...
c'est une nuit à passer. (*Il ôte sa robe de chambre
et se couche.*) Vous éteindrez la lumière, monsieur... je ne peux pas dormir quand j'y vois clair.

(*Moment de silence.*)

LE MONSIEUR, *sur son fauteuil.*

Vous êtes garçon, monsieur ?

CHABOULARD.

Oui... ça vous contrarie peut-être ?

LE MONSIEUR, *se levant brusquement et recommen-
çant à se promener.*

Du tout !... Garçon ! quelle douceur il y a dans
ce seul mot ! Garçon, c'est-à-dire libre, indé-
pendant, tranquille, sans soucis, sans tracas !...
garçon ! Ah ! vous êtes heureux, monsieur ! parfaitement heureux, tandis que d'autres...

CHABOULARD.

Pardon... s'il vous était égal de ne pas piétiner
comme ça dans la chambre, vous me feriez plaisir.
Vous allez éveiller les gens qui logent au-dessous ;
nous avons justement au premier une jeune dame
emménagée de la semaine dernière.

LE MONSIEUR.

Vous avez raison... c'est que, voyez-vous... je
me laisse aller malgré moi... (*Il prend le fauteuil
qui est près de la cheminée, comme pour s'asseoir, et
le frappe rudement contre le plancher.*)

CHABOULARD.

Bon !... il cogne les meubles à présent... Faites
donc attention : que diable ! j'aurais autant aimé
vous laisser dans la rue ; car enfin, je vous ai
fait monter, pourquoi ? pour être tranquille.

(*On entend frapper du dessous contre le parquet.*)

CHABOULARD.

Là !... voilà la dame du premier qui vous prie
de vous taire à présent. Ça n'a pas de bon sens non
plus. Dormons : il en est temps. (*Le monsieur,
tout à son idée, se lève, va à la croisée et l'ouvre toute
grande.*

LE MONSIEUR.

Je vais voir.

CHABOULARD.

Hem ! hem !... crédié ! comme il fait froid ici !

LE MONSIEUR, *toujours à la croisée, à lui-même.*

Je passerai la nuit là.

CHABOULARD, *qui ne peut le voir.*

Monsieur, faites-moi donc le plaisir de mettre
quelque chose sur moi ; je crois que je suis malade. Monsieur ! Eh bien ! où est-il ?... (*Il se
penche et aperçoit le monsieur à la croisée.*) Ah ! il a
ouvert la croisée !

LE MONSIEUR.

Votre cheminée est détestable !

CHABOULARD, *avec colère.*

Voulez-vous fermer ça bien vite !

LE MONSIEUR.

On ne se voit pas ici.

CHABOULARD.

Mais je suis déjà enrhumé.

LE MONSIEUR.

Je ne peux pas supporter la fumée.

CHABOULARD, *se mettant à genoux sur son lit, et avec
exaspération.*

Ah ça ! faut-il que je me lève ? que j'aie recours
à la violence ?

LE MONSIEUR, refermant la fenêtre.

Oh! mon Dieu! monsieur, du moment que cela vous contrarie, vous n'avez qu'à dire... Voilà qui est parfaitement clos... vous avez bien le droit d'agir ici comme vous l'entendez.

CHABOULARD, se calmant.

A la bonne heure! (Il se recouche.)

LE MONSIEUR.

Je vous dois l'hospitalité.

CHABOULARD.

Oui... c'est une bonne idée que j'ai eue là.

LE MONSIEUR.

Je sais la reconnaître et me soumettre à toutes les exigences... vous êtes chez vous.

CHABOULARD.

Très bien. (A part.) Va-t-il finir de jaboter comme ça.

LE MONSIEUR, qui est revenu s'asseoir, après un instant de silence.

Y a-t-il long-temps que vous demeurez dans ce quartier, monsieur? (Chaboulard se retourne pour ne pas répondre.)

LE MONSIEUR, plus haut.

Monsieur! je vous demande s'il y a un long-temps que vous demeurez dans le quartier?

CHABOULARD.

Oui, monsieur.

LE MONSIEUR, venant vivement à la tête du lit, et écartant le rideau.

Ah! il y a long-temps? et sans doute les personnes qui l'habitent vous sont connues? Figurez-vous, monsieur... (Il frappe violemment sur le bois de lit.) car il faut que je vous conte tout : mon cœur est trop plein, il a besoin de s'épancher; d'ailleurs, vous me donnerez peut-être quelques bons avis. Figurez-vous... (Il frappe de nouveau sur le bois de lit.)

CHABOULARD, se levant.

Attendez!

LE MONSIEUR.

Que faites-vous, monsieur?

CHABOULARD, descendant de son lit.

Je me lève... j'aime mieux ça.

LE MONSIEUR.

AIR : Ce magistrat irréprochable.

Vous vous levez?

CHABOULARD, tournant le dos de la chaise ou du fauteuil qui est près de son lit du côté du public.

Oui, je m'y détermine.

LE MONSIEUR.

Vraiment?

CHABOULARD, prenant le pantalon qui est au clou.

De plus, et par précaution,

Comme ça peut être long, j'imagine...

LE MONSIEUR.

Que faites-vous?

CHABOULARD, s'habillant,

Je passe un pantalon. (bis.)

Hein? c'est gentil de dormir de la sorte! Bavard!

LE MONSIEUR.

Pardon...

CHABOULARD.

Non : ça va m'occuper.

Que j'aurais d'aise à le mettre à la porte

S'il ne devait pas encore y frapper!

Oui : je peux bien le jeter à la porte,

Mais c'est qu'il va se remettre à frapper. (bis.)

(Pendant les derniers vers il a mis sa robe de chambre.)

Voyons : peut-être qu'au coin du feu ça me paraîtra moins contrariant. (En disant ces mots, il a porté sa table de nuit vis-à-vis et à quelque distance du petit meuble. Il ôte le foulard qu'il a à la tête et prend le bonnet grec qui est au clou.) Asseyons-nous. (Il apporte près de la table à droite la chaise ou le fauteuil qui était près de son lit.)

LE MONSIEUR.

Monsieur, je...

CHABOULARD.

Asseyons-nous et causons. (Ils s'asseyent : le monsieur sur le fauteuil qui est entre la table et la cheminée, Chaboulard sur celui qu'il a apporté. Le petit bureau les sépare.) Nous allons passer la nuit gentiment : je suis éveillé comme un écureuil. Eh bien! qu'est-ce que nous disions?

LE MONSIEUR, prenant machinalement le flambeau qui est sur la cheminée.

Ah! monsieur! (Il allume la bougie à celle qui est sur le bureau, et la pose à côté de l'autre.) je donnerais cent écus pour qu'il fît jour.

CHABOULARD.

Crédié! moi aussi! (Il souffle la bougie que le monsieur a allumée : pendant ce temps, celui-ci se penche et met une bûche au feu.) Vous mettez du bois?

LE MONSIEUR.

Monsieur, comme je vous le disais, je suis marié.

CHABOULARD.

Ah! vous ne m'en aviez pas dit un mot... mais c'est égal.

LE MONSIEUR.

Mon mariage fut un mariage d'amour. Les événemens qui le précédèrent et l'accompagnèrent sont aussi imprévus que dramatiques.

CHABOULARD.

Quand ce sera fini, nous pourrons nous coucher tranquillement, hein?

LE MONSIEUR.

Ça fume horriblement chez vous.

CHABOULARD.

Oh! quand je fais du feu seulement. (Le monsieur va ouvrir la croisée.) Je me plaindrais bien au propriétaire, mais je crains que ça lui donne l'idée de m'augmenter. — Vous en étiez à votre mariage.

LE MONSIEUR, revenant s'asseoir.

Oui... Trois mois après...

CHABOULARD.

Ah! nous passons les événemens?... ça me va.

LE MONSIEUR.

Nous allons y revenir... Connaissez-vous Montauban, monsieur ?

CHABOULARD.

J'ai beaucoup entendu parler d'un Renaud...

LE MONSIEUR.

Je ne connais pas. Tel que vous me voyez, je suis méridional.

CHABOULARD.

Bah !

LE MONSIEUR.

Ah ! monsieur ! (Il rallume machinalement la seconde bougie.) cette ville me laissera un souvenir bien douloureux !

CHABOULARD.

Les souvenirs sont la richesse du voyageur. (Il souffle la seconde bougie ; pendant ce temps, le monsieur met une bûche au feu.) Vous mettez du bois ?

LE MONSIEUR.

Avant tout, monsieur, il faut vous apprendre que ma femme... Je ne sais pas si je vous ai dit que je suis marié ?

CHABOULARD.

Oui... oui... allez !

LE MONSIEUR.

Ma femme, dès sa plus tendre jeunesse, a eu un cœur... qu'elle a encore... prodigieusement sensible et tellement précoce, que mon beau-père avait coutume de dire qu'elle lui rappelait sa défunte... une Andalouse, qui lui a causé bien des chagrins... Passons les doléances de mon beau-père.

CHABOULARD.

C'est ça. Passons... passons.

LE MONSIEUR.

Lorsque je vis ma femme pour la première fois...

CHABOULARD, à part.

Il n'a pas la moindre suite dans les idées.

LE MONSIEUR.

Ah ! monsieur ! cela seul eût dû me faire réfléchir : elle avait déjà distingué un certain quidam... Elle distingue tout le monde, ma femme.

CHABOULARD.

Fichtre !... je vois votre affaire... Allons ! vous êtes toisé.

LE MONSIEUR.

Qu'entendez-vous par là, monsieur ?

CHABOULARD.

Rien... je dis... (D'un air aimable.) Eh bien ! nous en étions au quidam... cela dut refroidir un peu votre amour ?

LE MONSIEUR.

Vous n'y entendez rien, monsieur ; l'obstacle irrite les grandes flammes... (Il rallume la seconde bougie.) Elles s'allument !..

CHABOULARD.

Oui... mais elles passent vite. (Il la souffle. Le monsieur, pendant ce temps, met une bûche au feu.) Vous mettez du bois ?

LE MONSIEUR.

Mon rival s'absenta trois jours.

CHABOULARD.

Ah ! pendant trois jours ? quelle maladresse ! Cela m'est arrivé aussi de m'absenter trois jours... c'est une aventure... mais, allez.

LE MONSIEUR.

Je jugeai que c'était un jobard ; je le traitai comme tel : le soir même de son retour, je me glissai à sa place. Ma femme l'oublia... elle oublie vite ma femme... et la municipalité bénit notre union.

CHABOULARD, avec joie.

Ah !.. (L'arrêtant au moment où il va mettre encore quelque chose au feu.) Pardon ! cette fois-ci, c'est mon embouchoir, et je vous prie de le remettre à sa place. (Pour plus de sûreté, Chaboulard va le porter sous le petit meuble qui est à gauche du spectateur. Le monsieur, pendant ce temps, continue de parler.)

LE MONSIEUR.

Monsieur, ce qu'il y a de plus malheureux dans ce que je viens de vous dire, c'est que je n'ai pas vu mon rival. Si je l'eusse rencontré, au lieu de le supplanter tout bonnement, je l'aurais écrasé comme ceci. (Il écrase sur la table un paquet de plumes qu'il tenait à la main.)

CHABOULARD.

Diantre ! vous n'y allez pas par quatre chemins. (Il regarde son paquet de plumes écrasé, et le met plus loin, sur la table.)

LE MONSIEUR.

Non pas que j'aie lieu de le redouter, lui plus qu'un autre ; mais parce que c'en eût été un de moins, uniquement. (Il prend machinalement sur la table un bâton de cire à cacheter.) Vous comprenez, mon cher monsieur, qu'avec la sensibilité exquise de ma femme, je ne suis jamais tranquille.

CHABOULARD, prenant le bâton par le bout et cherchant à le lui ôter.

Pardon...

LE MONSIEUR, tirant à lui.

Jamais !... (Le bâton se casse en deux.) Vous êtes bien rouge ?

CHABOULARD.

Oui : je ne sais pas si c'est l'intérêt que je prends à votre récit, ou l'impatience que j'ai de le voir finir, mais je suis en nage.

LE MONSIEUR.

Jugez si j'ai tort, monsieur : j'étais à Montauban...

CHABOULARD.

Ah ! bon ! voilà que nous recommençons ?

LE MONSIEUR.

J'y étais pour affaires... pour affaires de famille ; des intérêts... je n'ai pas besoin de vous dire...

CHABOULARD.

Non, non ; passons.

LE MONSIEUR.

Je passe.

CHABOULARD.

Merci. (Il lui serre la main.)

LE MONSIEUR.

Ces affaires terminées, j'écrivis à ma femme

pour lui annoncer mon retour. Je chargeai de la lettre, pour la remettre à son adresse, un voyageur digne de toute ma confiance : un vieillard, un artiste, soixante-cinq ans et infirme... ça n'avait pas de danger. (Il prend le canif et gesticule avec.) Mais voyez mon malheur...

CHABOULARD, le lui ôtant et le posant plus loin.

Voyons.

LE MONSIEUR.

J'appris au bout de quelque temps (Il prend la montre, sans y faire attention.) que, par une économie mal entendue, (Il la secoue et la fait tourner.) mon vieillard faisait la route à pied.

CHABOULARD, lui ôtant sa montre des mains.

Pardon... c'est ma montre. (Il la pose sur la cheminée.)

LE MONSIEUR.

A-t-on plus de guignon que moi, je vous le demande ? Ma foi, l'impatience me prit alors : je résolus de partir moi-même, bien certain d'arriver avant ma lettre. (Il prend le couteau à papier et gesticule avec.) Je me jette dans une malle, et, quelques minutes après, j'avais quitté Montauban. Est-ce pour mon malheur ? je l'ignore : vous en jugerez.

(Il casse le couteau en deux.)

CHABOULARD, se levant exaspéré.

Mais vous me cassez tout ! vous me brisez tout ! j'en ai assez !

LE MONSIEUR.

Pardon ! Je vous avouerai que j'étais agité de certains pressentimens sinistres... J'avais fait un rêve...

CHABOULARD, se rasseyant avec désespoir.

Allons ! il va nous raconter son rêve !

LE MONSIEUR.

Enfin, j'arrive, il y a une heure...

CHABOULARD.

Oh ! il y a plus que ça.

LE MONSIEUR.

N'importe : je cours chez ma femme, que je me faisais une joie de surprendre ; ma femme qui se couche toujours tard... je frappe... et...

CHABOULARD, avec empressement.

Et... je sais le reste... (Il se lève.) Allons, votre histoire m'a fait plaisir ; vous narrez fort agréablement. C'est fini, hein ?... (Il passe devant la table et se trouve contre la cheminée, pendant que le monsieur vient à la place qu'occupait Chaboulard, mais sans s'asseoir.) Si je bassinais mon lit ? je peux me donner cette douceur. (Il décroche la bassinoire, s'assied et met du feu dedans.)

LE MONSIEUR.

Permettez...

CHABOULARD, d'un ton joyeux.

Ah ! ah ! vous revenez comme cela sans prévenir ! Vous êtes encore un drôle de particulier. Quel âge avez-vous ?

LE MONSIEUR.

Trente-cinq ans.

CHABOULARD.

Je vous aurais donné beaucoup plus. Mais, mon ami, vous êtes bien peu expérimenté pour votre âge : vous auriez dû vous attendre à ce qui vous arrive.

LE MONSIEUR.

Comment ? vous pensez que ma femme...

CHABOULARD.

J'en mettrais ma main au feu ! Moi qui vous parle, monsieur, je me suis trouvé da[ns u]ne situation analogue pour avoir agi a[vec la même] simplicité que vous.

LE MONSIEUR.

En vérité ?

CHABOULARD.

Je vous expliquerai cela demain ma[tin]. (Il passe devant le monsieur et va b[assiner son li]t.) c'est que je suis employé, moi, et il fa[ut que] je sois à mon bureau à neuf heures.

LE MONSIEUR, le suivant.

Enfin, vous n'êtes pas encore couché, monsieur ; rien ne vous empêche...

CHABOULARD, bassinant son lit.

Je vais vous dire : je serrais de près une jeune personne, dans la folle intention de lui offrir ma main ; j'avais même quelque raison de croire que je l'avais entièrement fascinée. Je m'absentai trois jours dans cette confiance, exactement comme le quidam dont vous parliez tout-à-l'heure ; car il y a dans nos deux histoires une analogie... c'est même très curieux... Je pourrais vous faire remarquer... mais cela nous mènerait trop loin. Je m'absentai donc trois jours ; notez le délai : quand je revins, un je ne sais qui, une espèce de chenapan s'était faufilé à ma place. Ça vous paraît étonnant ? Eh bien, c'est comme ça. J'arrivai un certain soir, sans avertir, comme... un imbécile ; je frappai à la porte, et on m'y laissa. (Il met la main dans son lit.) Oh ! que c'est chaud !

LE MONSIEUR.

Vous aussi ? (Il revient en réfléchissant vers l'avant-scène à droite.)

CHABOULARD.

Moi-z-aussi... moi aussi. J'allais m'en aller, car je ne suis pas de ces gens qui s'entêtent sur une porte cochère... (Le monsieur a le dos tourné.) Dites-donc ! (Le monsieur se tourne vers lui.) Ce n'est pas pour vous que je dis ça... (Il quitte le lit et vient à côté du monsieur.) Lorsqu'en voulant jeter un dernier regard vers l'indigne objet de mes affections, je distinguai de la lumière dans sa chambre. (En ce moment la fenêtre d'en face s'éclaire.) *

LE MONSIEUR.

Chez elle ?

CHABOULARD.

Je vous ai dit dans sa chambre ; et à l'aide de

* Cette fenêtre doit être éclairée à l'intérieur par une seule lampe donnant une très vive clarté, et placée de façon qu'elle dessine sur le rideau blanc les silhouettes des personnes qui s'approchent de la croisée.

cette lumière, (On voit apparaître, sur le rideau blanc de la croisée en face, le profil d'une femme et celui d'un homme causant d'un façon très intime) je pus apercevoir se dessinant sur les rideaux, et dans l'abandon le plus tendre, deux ombres chinoises. J'avoue que jamais ce genre de spectacle ne m'a causé d'aussi vives émotions. Figurez-vous que ces deux ombres...

LE MONSIEUR, tournant la tête vers la croisée.

Juste 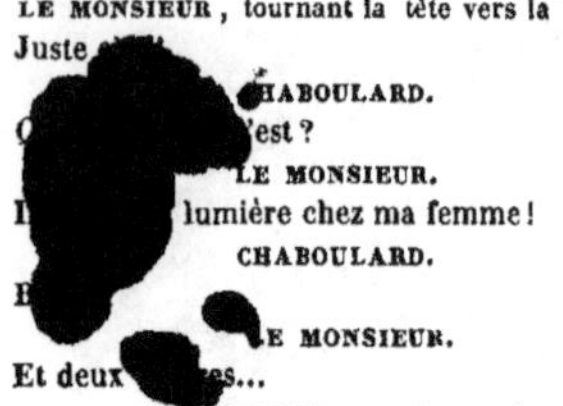

CHABOULARD.

...'est ?

LE MONSIEUR.

... lumière chez ma femme !

CHABOULARD.

LE MONSIEUR.

Et deux ...es...

CHABOULARD, se retournant.

Chinoises ?...

LE MONSIEUR.

Qui... (Les deux ombres s'embrassent.) Grand Dieu !

CHABOULARD.

C'est comme ça que j'ai vu les miennes .

(La lumière et les ombres s'éloignent et disparaissent.)

LE MONSIEUR, tombant en faiblesse sur le siége qu'occupait Chaboulard, lorsqu'ils étaient tous deux assis au bureau.

Ah ! ah ! je... oh ! je suis bien mal... je me sens malade.

CHABOULARD, à lui-même, en riant, sans le regarder.

C'est comme ça que j'ai vu les miennes ! (Il s'assied sur sa bassinoire qui est restée dans le lit et se relève vivement.) Ah ! le feu est dans mon lit !

LE MONSIEUR, d'une voix faible.

De l'eau ! de l'eau.

CHABOULARD, saisissant son pot à eau.

De l'eau !... oui... en voilà ! (Ii verse toute l'eau dans son lit pour éteindre le feu.) En voilà !... bien ! tout est trempé : mon matelas sera traversé... Qu'est-ce que va penser ma femme de ménage ? (Au monsieur.) Hein ? c'est gentil ?

LE MONSIEUR.

Donnez-moi de l'eau !

CHABOULARD.

Je n'en ai pas : j'ai tout mis dans mon lit.

LE MONSIEUR.

Un verre d'eau ! (Chaboulard va prendre le verre où est la veilleuse, qu'il éteint, comme pour le lui offrir.)

LE MONSIEUR, se levant avec fureur et courant en tous sens.

Une arme ! un fusil ! un couteau ! une pierre !... (Il saisit quelque chose sur la cheminée et le lance à tour de bras dans la croisée en face. On entend le bruit d'un carreau qui se brise.)

CHABOULARD, courant à la fenêtre.

Qu'est-ce que vous avez jeté ?

LE MONSIEUR, passant à gauche du spectateur.

Ils ont disparu , les misérables !

CHABOULARD, courant à la cheminée.

Qu'est-ce que vous avez jeté ?

LE MONSIEUR.

Les misér... Hein? quoi?... je ne sais pas... quelque chose qui était là sur la cheminée...

CHABOULARD, revenant de la cheminée.

Mais c'est ma montre !

LE MONSIEUR.

Qu'ils tremblent...

CHABOULARD, le saisissant par le bras.

Mais c'est ma montre !

LE MONSIEUR.

Ah ! ça ! qu'est-ce que vous me voulez à la fin ? votre montre ? Pardieu ! monsieur, voilà la mienne. Ah ! ils ne m'échapperont pas.

CHABOULARD, regardant la montre qu'on vient de lui donner.

Dites donc, c'est une ancienne pendule.

LE MONSIEUR.

Monsieur, il va se passer quelque chose d'affreux.

CHABOULARD.

C'est possible, mais auparavant vous aurez la bonté de faire réparer ma montre et de me la rendre : je ne tiens pas à cet objet-là. (Il la jette sur son bureau.)

LE MONSIEUR.

Vous entendrez parler de moi, monsieur. (Il s'élance vers la porte.)

CHABOULARD, le retenant et se retrouvant à gauche du spectateur.

Où allez-vous comme ça ?

LE MONSIEUR, descendant la scène.

Où je vais ? Il me demande où je vais ! Les surprendre, les confondre, les immoler... je comprends le crime.

CHABOULARD, le tenant dans ses bras.

Allons ! voilà une autre histoire à présent.

LE MONSIEUR.

Laissez-moi : il faut que ma colère se satisfasse. Vous ne savez pas ce que vous feriez en me retenant : quand je suis ainsi exaspéré , je tuerais quelqu'un... n'importe qui.

CHABOULARD, le lâchant vivement et lui remettant la clé qui est sur le petit meuble.

Voilà mon passe-partout.

ENSEMBLE.

AIR : Laissons au salon l'étiquette (Mme *Grégoire*)

LE MONSIEUR.

Gare au séducteur !
Ma colère
M'exaspère :
Oui , sur son auteur
Je veux venger mon malheur.

CHABOULARD.

Gare au séducteur !

Sa colère
L'exaspère :
Calmez votre ardeur,
Vous allez faire un malheur.

(Le monsieur sort.)

SCÈNE III.

CHABOULARD, revenant vivement en scène.

Si celui-là ne vient pas de la ménagerie de Montauban, je ne sais pas d'où il peut venir. En voilà un Marseillais! C'est que nous ne sommes pas au bout : ce n'est plus rien de taper à la porte ; il va vouloir l'enfoncer à présent. Allons, allons : nous aurons passé une jolie nuit. Quand je pense que c'est pour dormir tranquille que j'ai fait monter ce monsieur-là! Ça ma bien réussi, hein? Il faut convenir aussi que j'ai mis la main sur l'être le plus agréable!... Sacredié!... Enfin, il est parti! et si j'en fais jamais monter un autre... (Le monsieur rentre.) Bon! le voilà encore !

SCÈNE IV.

CHABOULARD, LE MONSIEUR.

(Il commence à faire jour et la rue s'éclaire peu à peu.)
LE MONSIEUR, présentant à Chaboulard le passe-partout tordu.

Qu'est-ce que vous avez donc mis dans votre clé, monsieur? elle ne va nulle part.

CHABOULARD, prenant la clé.

Merci : je vous ai confié un passe-partout et vous me rendez un tire-bouchon ! (Il met sa clé sur la table de nuit, et prend le bras du monsieur, qu'il secoue vivement.) Mais je croyais que nous nous étions dit un éternel adieu. Je ne veux plus vous voir : je suis fâché de vous avoir vu... Votre malheureuse figure restera toujours là... je vous ai pris en grippe, puisqu'il faut vous le dire.

LE MONSIEUR.
Donnez-moi une autre clé.

CHABOULARD, criant
Allez-vous-en!

LE MONSIEUR.
Une autre clé!

CHABOULARD, criant plus fort.
Allez-vous-en !

LE MONSIEUR.
Par où? comment? puisque c'est fermé... Est-ce que vous auriez l'intention de me retenir, monsieur?

CHABOULARD.
Hein?... qu'est-ce que vous avez dit?... vous retenir?... Mais s'il n'y avait pas deux étages et si j'étais le plus fort, il y a long-temps que vous seriez en bas, mon bon ami.

LE MONSIEUR.
Une clé, alors !

CHABOULARD
J'en ai encore une par là... heureusement ! Je la sacrifie... Vous retenir ?...

ENSEMBLE.

AIR : Je regardais Madelinette.

LE MONSIEUR.
Ah ! ne tardez pas davantage,
Mes nerfs sont par trop agacés,
N'excitez pas encor ma rage...
Vous m'avez fait souffrir assez. (bis.)

CHABOULARD.
Je ne tarde pas davantage,
Car tous mes meubles sont cassés :
J'ai pour cent écus de dommage,
Et je trouve que c'est assez.   (bis.)

(Chaboulard entre dans le cabinet à gauche du spectateur.)

SCÈNE V.

LE MONSIEUR, seul.

Il fait grand jour... il faudra bien qu'on m'ouvre. Si mon beau-père existait encore, je lui brûlerais la cervelle. (A Chaboulard.) Dépêchez-vous, monsieur. (A lui-même.) Ah! Prudence! Prudence! tu as oublié le plus saint de tes devoirs... Prudence!... (Écoutant.) On ferme une porte ! (Il court à la croisée.) La mienne! un quidam! ça doit être lui! (A Chaboulard.) Eh bien! cette clé?

CHABOULARD, du cabinet.
Je ne peux pas mettre la main dessus.

LE MONSIEUR.
Il va m'échapper !.. oh ! une corde ! une échelle ! quelque chose pour descendre ! (Apercevant le rideau du lit.) Ah ! des rideaux !... Ils sont vieux... il ne doit pas y tenir. (Il le tire vivement à lui et l'ôte entièrement de l'anneau.)

SCÈNE VI.

LE MONSIEUR, CHABOULARD.

CHABOULARD, sortant du cabinet avec une clé.
La voilà ! (Apercevant le monsieur qui a défait le rideau.) Ah! au voleur ! (Il le saisit au collet.) Ah ! je te tiens ! au secours !

LE MONSIEUR.
Monsieur !

CHABOULARD.
Au secours! (Ils tournent sur eux-mêmes : Chaboulard tombe renversé sur son lit.) Oh ! j'ai un effort !... (Le monsieur est du côté de la croisée, et ressaisit le rideau qui lui est échappé dans la lutte.)

CHABOULARD, s'accrochant à un bout.
Mes rideaux !

LE MONSIEUR.
Laissez-moi descendre !

CHABOULARD.
Mes rideaux !

LE MONSIEUR.

Mais c'est pour descendre !

CHABOULARD.

Ça m'est égal : je m'y oppose.

UNE VOIX D'HOMME dans la rue.

Madame Barbastoul !

LE MONSIEUR, frappé d'étonnement.

Hein ? (Il lâche le rideau qu'il tenait ; Chaboulard est jeté à la renverse sur la table de nuit, qui tombe avec un bruit de porcelaine cassée.)

CHABOULARD, par terre.

Quelque chose de cassé !... Ah ! je sais ce que c'est.

LA VOIX.

Madame Barbastoul !

LE MONSIEUR.

C'est le facteur !

LA VOIX.

Une lettre de quinze sous.

LE MONSIEUR, qui a couru à la fenêtre.

Une lettre ! (Au facteur.) D'où vient-elle ?

LA VOIX.

De Villeneuve.

LE MONSIEUR, venant à Chaboulard, qui est resté par terre.

C'est la mienne ! mon voyageur l'aura mise à la poste.

CHABOULARD le prenant au collet pendant qu'il s'est baissé pour lui parler et se relevant.

Savez-vous que je me porterai sur vous à quelque extrémité ? (Ils sont venus sur l'avant-scène. Le monsieur échappe à Chaboulard et court à la croisée.)

LE MONSIEUR, au facteur.

Mais ce n'est pas ici qu'elle demeure.

CHABOULARD, s'efforçant de faire quitter la croisée au monsieur.

Otez-vous de la croisée ! vous m'affichez.

LE MONSIEUR.

C'est en face, au numéro 15. (A Chaboulard.) Je vous dis que c'est ma femme.

CHABOULARD.

Allons donc ! vous vous appelez Barbassou ?

LA VOIX.

Eh ! non ! monsieur : elle est déménagée depuis huit jours : elle demeure dans votre maison, au premier.

LE MONSIEUR.

Ah !

CHABOULARD.

Bah !

UNE VOIX DE FEMME à l'étage au-dessous, s'adressant au facteur.

Attendez ! la bonne descend.

LE MONSIEUR.

Ciel !

CHABOULARD.

Dieu !

LE MONSIEUR.

Prudence !

CHABOULARD.

Prudence !

LE MONSIEUR.

C'est toi !

CHABOULARD.

C'est toi !... c'est elle !

LE MONSIEUR.

Ma femme !

CHABOULARD, à lui-même.

Mon ancienne !

LA VOIX de femme.

Comment ? c'est toi, mon ami !

LE MONSIEUR, avec joie.

Elle m'a vu !

CHABOULARD, transporté.

Elle m'a vu !

LE MONSIEUR, faisant des signes à sa femme, pendant que Chaboulard lui en fait de son côté.

Attends... Si tu savais... je vais t'expliquer... Ah ! mon ami ! (Il se jette dans les bras de Chaboulard.)

CHABOULARD.

Mon ami ! (Ils s'embrassent.)

LE MONSIEUR, descendant la scène.

Prudence ! et j'ai passé la nuit si près d'elle !

CHABOULARD, de même, à part.

Prudence !... et je ne l'ai pas encore rencontrée sur l'escalier !... C'est toi qui me l'avais soufflée, Barbassou !

LE MONSIEUR, riant.

Ah ça !... et ces gens en face ?...

CHABOULARD, de même.

Des voisins... ça n'avait aucun rapport... Ah ! ah !... (Ils rient tous deux.)

LE MONSIEUR, avec joie.

Je cours... vous leur présenterez mes excuses...

CHABOULARD, de même.

Oui... oui... soyez tranquille...

LE MONSIEUR, du dehors.

Invitez-les à déjeuner.

CHABOULARD.

Chez vous ?... dites donc ce sera chez vous ?... Ah ! je l'ai donc retrouvée, ma Prudence !... et dans les bras de qui ?... d'un... Eh bien !... je ne suis pas fâché à présent d'avoir rencontré ce... Carcassou ! non : je ne sais pas si je me flatte, mais je ne voudrais pas être à sa place... Je n'irai pas à mon bureau.

AIR : Préville et Taconnet.

Enfin, après une nuit d'insomnie,

(Le monsieur rentre, et voyant Chaboulard occupé, il fait un geste comme s'il lui demandait pardon de le déranger, et va prendre sa redingote, son chapeau et sa canne qui sont à gauche du spectateur.)

Mon aventure a pris un tour badin :
Il est bien temps que je vous remercie
D'être restés, pour en savoir la fin,
Car ça pouvait durer jusqu'à demain...

(Il aperçoit le monsieur.)

Ah ! ça ! vous voilà encore, vous !

LE MONSIEUR, qui a retraversé le théâtre, comme s'il allait sortir, s'arrêtant.

Pardon... j'avais oublié...

CHABOULARD.

Oui... dites donc : je suis enchanté d'avoir fait votre connaissance... j'y ai réfléchi... je la cultiverai...

LE MONSIEUR, posant sa redingote sur le siége près de la table et s'avançant vers le public.

Pardon...

CHABOULARD.

Prudence va bien ?

LE MONSIEUR.

Très bien. Plus jolie que jamais.

CHABOULARD.

Tant mieux. Eh bien ! qu'est-ce qu'il fait ?.. c'est lui qui va chanter à présent !

LE MONSIEUR.

Hein ?

CHABOULARD.

Rien... non : allez ! Ah ! ah ! il faut en rire.

LE MONSIEUR, au public.

AIR : Vaud. de la Famille de l'Apothicaire.

Je n'ai plus de soupçons au cœur,
Car je viens d'embrasser Prudence ;
(Il gesticule avec sa canne, Chaboulard la lui ôte.)
Mais j'ai besoin, dans mon bonheur,
D'exprimer ma reconnaissance.
(En étendant le bras il donne à Chaboulard un coup avec son chapeau qu'il tient à la main ; celui-ci le lui ôte , et va poser canne et chapeau sur son lit.)
Je vais donc être heureux enfin !
(Il croise ses bras.)

CHABOULARD, s'élançant vers lui.

Là !... Qu'est-ce que vous avez fait ?... Je vous avais dit de ne point croiser les bras... Voyez !... (Il fait retourner le monsieur du côté du public : la redingote est entièrement déchirée dans le dos.) Vous ne faites que des malheurs ! Tenez ! j'en reviens à ce que je disais.

ENSEMBLE.

CHABOULARD.

AIR : Préville et Taconnet.

Enfin, après une nuit d'insomnie ,
Mon aventure a pris un tour badin ;
Il est bien temps que je vous remercie
D'être restés pour en savoir la fin ,
Car ça pouvait durer jusqu'à demain...

LE MONSIEUR.

AIR : vaud. de la Famille de l'Apothicaire.

Je n'ai plus de soupçons au cœur,
Car je viens d'embrasser Prudence ;
Mais j'ai besoin dans mon bonheur
D'exprimer ma reconnaissance.
Je vais donc être heureux enfin !
Et.....

CHABOULARD.

Eh ! là bas ! Qu'est-ce que vous faites ? Vous ne vous apercevez donc pas... Quel air chantez-vous là ?

LE MONSIEUR.

L'air de la Famille de l'Apothicaire.

CHABOULARD.

La Famille de l'Apothicaire. Ah çà ! est-ce que jusqu'à la fin vous voulez me faire al... ? Tâchons de chanter le même air , si c'est possible. Quand on chante ensemble , on chante le même air... assez ordinairement. Je veux bien chanter avec vous ; mais convenons d'un air.

LE MONSIEUR.

Voulez-vous : Souvent la nuit quand je sommeille ?

CHABOULARD.

Quand je sommeille... Oh ! c'est un trait !

LE MONSIEUR.

Avec vous, sous le même toit ?

CHABOULARD.

Avec vous (Indigné.) sous le même toit ! Ma foi, non ; je n'en veux pas de celui-là.

LE MONSIEUR.

Eh bien : L'air du Nouveau Seigneur ? Hein ? Vous va-t-il ? Eh ! eh !...

CHABOULARD.

Eh ! eh !... Allons donc ! est-ce qu'il vous va, à vous ?

LE MONSIEUR.

Oh ! moi, il me va.

CHABOULARD.

Il vous va ? Eh bien, allez.

ENSEMBLE.

AIR : Ah ! vous avez des droits superbes. (Du Nouveau Seigneur.)

Lorsqu'après un cruel martyre,
Qui jusqu'au jour se prolongea ,
Tranquille à la fin je respire,
LE MONSIEUR , seul.
J'éprouve encore un désir là.
CHABOULARD , ensuite et à part.
Quel diable d'air il a pris là !

ENSEMBLE.

CHABOULARD.

Plus qu'à moi , s'il a pu vous plaire ,
Accordez-lui quelques bravos.
LE MONSIEUR.
Plus qu'à lui, si j'ai pu vous plaire,
Accordez-moi quelques bravos.
CHABOULARD , levant les épaules.
Oh ! (Il recommence le vers avec des fioritures.)
Accordez-lui quelques bravos.
LE MONSIEUR , parlant.
Bravo ! c'est de vous ?

CHABOULARD.

Quoi ?

LE MONSIEUR.

Le trait ?

CHABOULARD.

Non, il est de Martin ; mais il n'y a jamais eu que Martin qui ait pu le faire... et moi... moi et Martin. Quant à vous, ça vous est défendu. Mais voyons, continuons ; c'est froid tout ça.

ENSEMBLE.

<table>
<tr><td>

CHABOULARD.

Ah ! Messieurs, point de bruit sévère,
Afin qu'il nous laisse en repos !
Ah ! Messieurs, point de bruit sévère,
Afin qu'il nous laisse...
(Récité sur l'air.) Que le diable t'emporte ! Tu n'es
pas plus amusant quand tu chantes que quand tu
racontes des histoires. Avec ton air qui n'en finit
pas, si tu continues, tu vas t'attarder...
   Ah ! est-ce que tu voudrais encore coucher ici ce
soir ? Mais... le plus souvent... nous y voilà !

</td><td>

LE MONSIEUR.

Ah ! Messieurs, qu'aucun bruit sévère
Ne vienne troubler mon repos.
Ah ! Messieurs, qu'aucun bruit sévère,
Ne vienne troubler mon repos.
De grâce, point d'arrêt sévère :
Ah ! ne troublez pas mon repos.
Ah ! ne troublez pas (*bis*), mon repos.

</td></tr>
</table>

FIN DE PASSÉ MINUIT.

Imprimerie de BOULÉ et Cⁱᵉ., rue Coq-Héron, 3.

FRANCE DRAMATIQUE.

PIÈCES EN VENTE:

La Seconde Année.
L'Ecole des Vieillards.
L'ours et le Pacha.
Le Camarade de lit.
Le Mari et l'Amant.
Les Malheurs d'un Amant heureux.
Henri III et sa cour.
Un Duel sous le cardinal de Richelieu.
Calas, de Ducange.
Michel et Christine.
Le Mariage de raison.
L'Homme au Masque de fer.
La Jeune Femme colère.
L'Incendiaire.
La Vieille.
Le Jeune Mari.
La Demoiselle à marier.
Les Vêpres Siciliennes.
Le Budget d'un jeune ménage.
L'Auberge des Adrets.
Philippe.
La Dame Blanche.
Toujours.
Dix ans de la vie d'une femme.
Le Lorgnon.
Bertrand et Raton.
Une Faute.
Le ci-devant jeune homme.
Marie Mignot.
Pourquoi ?
Richard D'Arlington.
La Chanoinesse.
Les Comédiens.
L'Héritière.
Léontine.
Le Gardien.
Dominique.
Le Philtre Champenois.
Le Chevreuil.
Le Charlatanisme.
Vert-Vert.
Brueis et Palaprat.
Une Fête de Néron.
Le Mariage extravagant.
Le Paysan perverti.
Pinto, en 5 actes.
La Carte à payer.
Le Mari de ma femme.
Les vieux Péchés.
Luxe et Indigence.
Zoé.
Louis XI.
Ninon chez madame de Sévigné.
Robin des Bois.
Marius.
Marie Stuart.
Les Rivaux d'eux-mêmes
La famille Glinet.
Les Héritiers.
Jeanne d'Arc.
Les Maris sans femmes.
L'Assemblée de famille.
Mémoires d'un colonel de Hussards.
Le Paria.
Les Deux Maris.
Le Médisant.
La Passion secrète.
Rabelais.
Les Deux Gendres.
Estelle.
Trente Ans.
Le Pré-aux-Clercs.
La Poupée.
La Tour de Nesle

Changement d'uniforme.
Une Présentation.
Madame Gibou et Madame Pochet.
Est-ce un rêve.
Fra Diavolo.
Robert-le-Diable.
Le Duel et le Déjeuné.
Zampa.
Avant, Pendant et Après.
Les Projets de mariage.
Un premier Amour.
Napoléon, ou Schœnbrunn et Ste-Hélène.
La Courte-Paille.
Le Hussard de Felsheim.
1760, ou les trois chapeaux.
Rigoletti.
Robert Macaire.
Frédegonde et Brunehaut
Gustave III.
Elle est folle.
L'Abbé de l'Epée.
Un Fils.
Infortunes de M. Jovial.
M. Jovial.
Victorine.
Catherine, ou la croix d'or
La Belle-mère et le gendre
Heur et Malheur.
Il y a Seize ans.
L'Héroïne de Montpellier
C'est encore du Bonheur.
La Mère au bal, et la Fille à la maison.
Jean.
Les Etourdis.
Valérie.
Faublas.
Picaros et Diégo.
La Démence de Charles VI.
Une Heure de Mariage.
Madame du Barry.
Le Chiffonnier.
Le Marquis de Brunoy.
Le Voyage à Dieppe.
Les Anglaises pour rire.
La Fille d'honneur.
Un Moment d'imprudence
Le Dîner de Madelon.
Les Deux Ménages.
Le Bénéficiaire.
Les Malheurs d'un joli Garçon.
Robert, chef de Brigands.
Michel Perrin.
Une Journée à Versailles.
Le Barbier de Séville.
Les Cuisinières.
Le nouveau Pourceaugnac.
Marie.
Le Secrétaire et le Cuisinier.
Clotilde.
Le Bourgmestre de Saardam.
Le Roman.
Le Coin de rue, ou le Rempailleur de chaises
Le Célibataire et l'homme marié.
La Maison en loterie.
Les Deux Anglais.
Le Mariage impossible.
La Ferme de Bondi.
Werther.
La Prison d'Edimbourg.
La première Affaire.
Famille de l'apothicaire.

Don Juan d'Autriche.
L'Enfant trouvé.
Le Poltron.
Le Facteur.
Misantropie et Repentir.
Le Châlet.
Perrinet Leclerc.
Moiroud et Compagnie.
Agamemnon.
Chacun de son côté.
Le Vagabond.
Thérèse.
Sans Tambour ni Trompette.
Marino Faliero.
Fanchon la Vielleuse.
Prosper et Vincent.
Glenarvon.
Le Conteur.
Le Caleb de Walter-Scott.
La Dame de Laval.
Carlin à Rome.
Les Deux Philibert.
Les Couturières.
Couvent de Tonnington.
Le Landaw.
Une famille au temps de Luther.
Les Poletais.
Honorine.
Angeline.
La Princesse Aurélie.
Les Petites Danaïdes.
Sophie Arnould.
Un mari charmant.
Les deux Frères.
Madame Lavalette.
La Pie voleuse.
La Famille improvisée.
Les Frères à l'épreuve.
Le marquis de Carabas
La Belle Ecaillère.
Les Deux Jaloux.
La Laitière de Montfermeil.
Les Bonnes d'Enfans.
Farruck le Maure.
Monsieur Sans-Gêne.
Madame de Sévigné.
M. Chapolard.
La Camargo.
Préville et Taconnet.
Le Bourru bienfaisant.
La Fille de Dominique.
Le Philosophe sans le savoir.
Rossignol.
Deux vieux Garçons.
La jeunesse du duc de Richelieu.
Le Père de la Débutante.
L'Avoué et le Normand.
La Juive.
Un Page du Régent.
Les Indépendans.
Les Huguenots.
Mal noté dans le quartier.
L'Idiote, dr. en 4 actes.
Suzette.
Guillaume Colmann, dr. en 5 actes.
Les Deux Edmond.
Le Serment de Collége.
La Vie de Garçon.
La Camaraderie.
Le Commis-Voyageur.
La Liste de mes Maitresses.
Alix, ou les Deux mères.
99 Moutons et un Champenois.

Harnali, *parodie.*
Un Ange au 6e étage.
Frascati, vaud. en 5 act.
La Cocarde tricolore.
La Muette de Portici.
La Foire Saint-Laurent.
Clermont.
Le Pioupiou, v. en 5 act.
Le Perruquier de la Régence.
Le Chevalier du Temple
Le Mariage d'argent.
Le Camp des Croisés avec préface et *Lettre de V. Hugo* à l'auteur.
Mademoiselle d'Aloigni.
Une vision, ou le Soulpteur.
Le Bourgeois de Gand.
Le Pauvre Idiot, d 5 act.
Louise de Lignerolles, drame en 5 actes.
L'Homme de soixante ans
Marguerite.
La Belle-Sœur.
Céline la Créole, ou l'opinion, dr. en 5 actes.
Mlle Bernard, ou l'autorité paternelle.
Précepteur à vingt ans.
Madame Grégoire.
La Cachucha.
Samuel le marchand, dr. en 5 actes.
Guillaume Tell, op. 4 a.
Henri Hamelin, dr. 5 act.
Un testament de dragon.
Le Ménestrel, com. 5 a.
Les Bayadères de Pithiviers, vaud. en 5 tab.
Peau d'âne, en 5 a.
L'ouverture de la Chasse.
La Vie de Château.
L'Obstacle imprévu.
Richard Savage, dr. 5 a.
Le Grand-Papa Guérin.
Le Général et le Jésuite, drame en 5 actes.
La Boulangère a des écus.
Don Sébastien de Portugal, drag. en 5 actes.
C'est Monsieur qui paie.
Mademoiselle Clairon.
Ruy-Brac, parodie de Ruy-Blas.
Une Position délicate.
Randal, dr. en 5 actes.
L'Enfant de Giberne.
Sept Heures.
Un bal de Grisettes.
Candinot, Roi de Rouen.
Françoise et Francesca.
La Mantille.
Les Trois Gobe-mouches.
Le Postillon franc-comtois.
Mademoiselle Nichon.
Dagobert.
Les Maris Vengés.
Une Sainte-Hubert.
La Fille d'un Voleur.
Les Serments.
Le Planteur.
Jaspin, com.-vaud.
Le Père Pascal.
Nanon, Ninon et Mantenon.
Phœbus.
Camarades du ministre.
Vingt-six ans.
La Canaille.
L'Eclair.

L'intérieur des Comités Révolutionnaires.
La Laitière de la Forêt.
Bobèche et Galimafré.
La Femme Jalouse.
Le Panier Fleuri.
Le Protégé.
Le Diamant.
Les Treize.
Le Naufrage de la Méduse
L'Eau Merveilleuse.
Geneviève la Blonde.
Industriels et Industrieux
Le Pied de mouton.
La Grande Dame.
Passé Minuit.
Le Susceptible.
Le Pacte de Famine.
Le Tribut des Cent-Vierges.
Isabelle de Montréal.
Une Visite Nocturne.
Madame de Brianne.
Les Brodequins de Lise.

Valentine.
La Bourbonnaise.
Mlle Desgardins.
Un Ménage parisien.
Passé Midi.
Les Trois quartiers.
La Nuit du Meurtre, &c
La Fiancée.
Les Ouvriers.
Un jeune homme charmant.
L'Elève de Saumur.
Carte blanche.
Chantre et Choriste.
La Fille du marbrier.
La Rose jaune.
Les Chansons de béranger.
Le Shérif.
Eustache.
Argentine.
Les Filles de l'enfer.
César, ou le Chien du château.
L'Amour.

IMPRIMERIE DE BOULÉ ET Cᵉ, RUE COQ-HÉRON, 5.